Inhaltsverzeichnis:

Einführung:

Der Einsatz von Social Media ist aus unserer heutigen Welt nicht mehr wegzudenken. Wir leben online, agieren global und die Zahl der User innerhalb der einzelnen Plattformen spricht Bände. Auch im Marketing können sie zu einem wichtigen Bestandteil einer erfolgreichen Unternehmensstrategie im World Wide Web avancieren. Für Unternehmen sind jedoch andere Fragen wichtig, als für private Nutzer. Insbesondere ist zu entscheiden, auf welchen sozialen Medien das Unternehmen oder die Firma repräsentiert werden soll. Reicht Facebook schon aus? Oder spielen Twitter, Instagram und Google+ unter Umständen ebenfalls eine Rolle? Welche Social-Media-Plattformen sind für Unternehmen tatsächlich interessant beziehungsweise welche anderen sozialen Netzwerke gibt es überhaupt? Bei der Auswahl der passenden Plattform hilft den Planern ein Überblick über die aktuellen Netzwerke, die die höchste Reichweite haben und damit am Wichtigsten sind. Die Auswahl ist schier unerschöpflich: Sie erstreckt sich von sozialen Beziehungs- und Bildernetzwerken, über Angebote für Blogger und für berufliche Kontakte, bis hin zu sozialen Videonetzwerken.

Soziale Beziehungsnetzwerke sind Social-Media-Kanäle, die möglichst viele User ansprechen. Sie fokussieren sich nicht auf ein bestimmtes Thema, sondern die Nutzer kommunizieren, klicken und teilen hier all solche Inhalte, die sie interessieren. Die Vielfalt an Themen auf diesen sozialen Beziehungsnetzwerken ist daher sehr groß.

Allerdings lässt sich bei den Mitgliedern von sozialen Netzwerken oft eine bestimmte Interessenlage identifizieren. Dafür sorgen die Nutzer in der Regel selbst, indem sie verschiedenen Profilen folgen, unterschiedliche Posts teilen oder „liken“, Gruppen beitreten oder selbst Gruppen eröffnen. Hierüber ist es durchaus möglich, eine bestimmte Usergruppe auszumachen und gezielte Kampagnen anzubieten.

Bei den sozialen Bildnetzwerken stehen visuelle Aspekte im Mittelpunkt. Hauptsache hier sind die veröffentlichten Fotos und Videos. Kommentare dazu sind eher lediglich ein Nebenprodukt. Was hier zählt, sind unterhaltende Beiträge mit starkem visuellen Effekt, der bei der Zielgruppe hängen bleibt. Spitzenreiter innerhalb der Bildnetzwerke sind Instagram und Pinterest.

Instagram ist eine Applikation (App) für Smartphone und Tablet, mit der die Nutzer Bild- und Videoberichte erstellen und im Netzwerk verbreiten können. Die Software ist kostenlos und enthält verschiedene Bildbearbeitungsfilter, mit denen Fotos und Videos verfremdet werden können.

Mit Instagram können Bilder und Videos nicht nur innerhalb der Instagram-Community geteilt werden, sondern auch in anderen sozialen Netzwerken, wie Facebook, Twitter oder anderen Plattformen.

Der Bilder- und Videodienst bei Instagram wurde im Oktober 2010 erstmals veröffentlicht und im September 2012 von Facebook übernommen.

In diesem E-Book will ich Ihnen aufzeigen und Informationen vermitteln, warum gerade Instagram Ihre Marketingstrategie sinnvoll unterstützen kann und für Ihr Unternehmen eigentlich regelrecht unverzichtbar ist. Wenn Sie bereits mit Facebook und Twitter arbeiten, haben Sie den ersten Einstieg bereits geschafft. Eine zusätzliche Nutzung von Instagram unterstützt Sie darüber hinaus in sinnvoller Art und Weise in der Frage, wie Sie Ihre zukünftigen Kunden finden und Stammkunden weiter an Ihr Unternehmen binden können.

Erstes Kapitel: Eine kleine Einführung in das soziale Netzwerk Instagram

Instagram ist ein soziales Netzwerk – im Unterschied zu Facebook, Google+ und Co, dreht es sich hier jedoch hauptsächlich um Fotos, Videos und Bilder. Instagram bietet damit eine einfache Möglichkeit, Fotos und Videos hochzuladen und mit anderen zu teilen oder fremde Fotos zu kommentieren.

Instagram wird in der Regel als App auf Smartphones oder Tablets genutzt. Wenn es auf dem Gerät installiert ist, können mit dem Gerät gemachte Fotos, direkt in die App hochgeladen werden.

Auf einem Computer kann Instagram ebenfalls genutzt werden – allerdings können hier nur Fotos betrachtet werden, hochladen funktioniert nicht.

Die App wurde 2010 zum ersten Mal vorgestellt und entwickelte sich rasant zu einem großen Erfolg – bereits 2012 wurde Instagram für ca. 1 Milliarde Dollar an Facebook verkauft.

Inzwischen nutzen rund 16 Millionen Menschen weltweit Instagram.

Instagram zu installieren, ist im Prinzip kinderleicht. Man benötigt lediglich eine gültige E-Mail-Adresse. Danach wird die App auf das Endgerät heruntergeladen.

Folgende Schritte sind danach durchzuführen:

- Registrierung der E-Mail-Adresse
- Eingabe der Zugangsdaten (Benutzername, Passwort) Vervollständigung des Instagram-Kontos, optional mit weiteren Informationen (zum Beispiel vollständiger Name, Telefonnummer, Portfolio)

Alternativ kann man sich auch, falls vorhanden, mit seinem Facebook-Account bei Instagram anmelden.

Mit diesen einfachen Schritten ist der Instagram-Account startklar und man kann beginnen, Fotos hochzuladen.

Der wichtigste Inhalt von Instagram ist es, Fotos oder Videos aufzunehmen und zu teilen.

Und so funktioniert es:

- die App öffnen
- auswählen, ob die Fotos und Videos direkt in Instagram aufgenommen oder aus dem Fotoalbum des Endgerätes übertragen werden sollen. In beiden Fällen das Kamerasymbol am unteren Rand der App anklicken
- um ein Foto aufzunehmen, den blauen Kreis am unteren Rand antippen und den selbsterklärenden Bildschirmanweisungen folgen
- um ein bestehendes Foto hochzuladen, auf das quadratische Symbol mit den Punkten tippen und den Ordner auswählen, in dem sich das Bild befindet

Nach der Bildauswahl, kann dieses in Instagram bearbeitet werden. Eine relativ große Auswahl an Spezialeffekten und verschiedenen Filtern wird direkt in der App angeboten. Bildunterschriften und Aufnahmeort können ebenfalls eingefügt werden.

Jetzt nur noch das Bild bestätigen und es wird anschließend veröffentlicht und kann von allen Instagram-Nutzern betrachtet werden.

Zweites Kapitel: Vorüberlegungen zur Nutzung von Instagram für Unternehmen

Nun, nicht jedes Unternehmen kann Inhalte, wie zum Beispiel MTV stemmen, und seine Nutzer damit begeistern. Trotzdem gibt aber ausreichend Inhalte und Möglichkeiten, auch für Unternehmen und Marken, Instagram als zusätzlichen Kanal innerhalb einer bereits bestehenden Social-Media-Strategie erfolgreich zu implementieren. Man muss aber auch ganz klar feststellen: Nicht jede Marke und nicht jedes Unternehmen wird bei Instagram erfolgreich sein. Wenn die Zielgruppe fehlt oder das Unternehmen einfach nicht für einen Auftritt im Social Web geeignet ist, dann sollte man andere Wege suchen und diese dann verfolgen. Dies gilt jedoch nicht nur für Instagram, sondern auch für andere Social Medias, wie Facebook, Twitter, Google+ und alle anderen. Bei Instagram besteht zusätzlich jedoch die Voraussetzung, dass die Inhalte, die verbreitet werden sollen, in Bildern und Fotos dargestellt werden müssen.

Gehen wir ein Stück in der Entstehungsgeschichte von Instagram zurück. Der Dienst wurde gestartet, um auf einfache Art und Weise Fotos über das Smartphone untereinander austauschen zu können. Dies war zunächst rein privat angelegt und hat sich nach der Öffnung für Unternehmen und der Entwicklung der Webprofile in den Köpfen vieler Nutzer auch so gehalten. Nachdem viele Marken und Unternehmen mit ihren Businessinhalten auf Instagram agieren, gehört dies mittlerweile mehr und mehr zum Instagram-Alltag.

Engagierte Unternehmen und Marken mit ein wenig Erfahrung im Web, lassen sich von nichts abschrecken, wie zum Beispiel der Auftritt des Musikverlages MTV zeigt. Wenn Sie sich sicher sind, dass Sie Ihre eigenen Inhalte und Nachrichten mit Bildmaterial transportieren können und sich in Ihrer Zielgruppe Nutzer befinden, die eine gewisse

Affinität zum Web haben, sollte nichts gegen den Aufbau einer Instagram-Community sprechen.

2.1: Was Unternehmen und Marken bei Instagram tun können

Haben Sie sich erst einmal definitiv entschieden, bei Instagram einen Start zu wagen, gibt es einige Tipps und Tricks, die für den Auftritt wichtig sind.

Verknüpfung der Plattformen:

Es gibt kaum einen Instagram-Nutzer, der spontan von sich aus versucht, bei Instagram nach einer bestimmten Marke oder einem Unternehmen aktiv zu suchen. Daher ist es wichtig, Instagram mit anderen Plattformen, auf denen Ihr Unternehmen bereits einen Auftritt aufgebaut hat, zu verknüpfen. Über eine Facebook-Fanseite zum Beispiel können Sie eine Fotoserie mit aussagekräftigen Fotos posten und mit einem Hinweis auf Ihren Instagram-Account versehen.

Mit ausschließlichen Verweisen auf Instagram sollte man allerdings vorsichtig umgehen, da nicht jeder Facebook-Nutzer auch automatisch bei Instagram unterwegs ist und dies vielleicht auch gar nicht möchte. Bei diesen Nutzern zielen Ihre Fotos ins Leere. Ein echter Fan Ihres Unternehmens oder Ihrer Marke könnte sich auf der anderen Seite aber auch motiviert fühlen, selbst einen Instagram-Account anzulegen, um Ihre Fotostrecke anschauen zu können. Dezente, aber doch regelmäßige Hinweise und ein paar Fotoaktionen, dann und wann, können die Zahlen Ihrer Follower schnell ansteigen lassen.

Verfügen Sie bereits über einen Blog oder eine Webseite als übergeordnete Plattform, so können Sie auch hierüber Ihren Instagram-Account steuern. Sie können zum Beispiel Aktionen starten, ein Foto Ihrer Website mit einem Hashtag hochzuladen und einen Kommentar dazu zu hinterlassen. Sie werden staunen, wie schnell sich dieses Foto innerhalb der Community verbreitet.

Natürlich stellen auch Twitter und Google+ sehr gute Plattformen dar, um Ihren neu geschaffenen Instagram-Account bekannt zu machen. Erfahrungsgemäß ist bei Facebook jedoch die bereits bestehende Community vieler Marken und Unternehmen wesentlich größer.

2.2: Ihr Engagement fördert auch die Aktivitäten Ihrer Follower

Wenn Sie sich bei Instagram eine aktive Gemeinschaft aufbauen möchten, sollten Sie sich aktiv mit Ihren Fans beschäftigen. Den Treuesten, unter Ihren Followern, sollten Sie ebenfalls folgen, das schafft ein Gefühl von Wertschätzung. Teilen Sie interessante Bilder oder belohnen Sie sie mit einem Like. Schreiben Sie Antworten auf Kommentare, das kostet nicht allzu viel Zeit, lohnt sich aber am Ende sehr. Benutzen Sie Instagram nicht als Einbahnstraße, sondern zeigen Sie Ihren Followern aktives Interesse. Dadurch merken diese, dass Sie auch wirklich Lust haben, mit ihnen zu kommunizieren.

Wie so oft im Leben lautet die Devise: Wer sich ernst genommen fühlt, engagiert sich ernsthafter. Und überhaupt: Wer spricht schon gerne, wenn er niemals eine Antwort erhält?

Unbedingt vermeiden sollten Sie, sich Follower und Kommentare auf einschlägigen Webseiten einzukaufen. Das erhöht zwar rasch und zuverlässig die Fananzahl, doch eine wirklich interessierte und aktive Gefolgschaft erhalten Sie so nicht. Das Geld können Sie sich sparen und gewinnbringender einsetzen. Schaffen Sie zum Beispiel personelle Ressourcen für die Pflege Ihres Instagram-Accounts.

2.3: Die richtigen Inhalte

Sie haben nun den ersten Schritt zum Aufbau einer wirkungsvollen Instagram-Gefolgschaft geschafft und müssen sich im nächsten Schritt um die Inhalte kümmern. Hier sollten Sie sich bereits im Vorhinein genau überlegen, welche Ihrer Produkte oder Dienstleistungen sich für eine Darstellung mittels Fotos am besten eignen. Auf diese sollten die Posts sich dann auch beschränken. Posten Sie nicht irgendwas. Ausschließlich Texte bieten sich bei Instagram eher nicht an, da es sich um eine visuelle Plattform handelt. Wollen Sie jedoch trotzdem etwas Schriftliches bewerben, können Sie es mit einem ansprechenden Artikelbild oder einem gelungenen Making-of des Covers optisch aufwerten.

Mit visuell interessanten Produkten punkten Sie bei Instagram am einfachsten und schnellsten. Wenn Ihre Produkte nicht so vorteilhaft abbildbar sind, können Sie die unterschiedlichen Instagram-Filter nutzen, um sie fotogener zu machen. Mit diesen Filtern können Sie Ihre Fotos mit zahlreichen Effekten ausstatten. Damit wird auch ein nicht ganz so aufregendes Produkt, mit einem neuen Aussehen, der Renner bei Ihren Fans. Kreativität und Experimentierfreude sind hier unbedingte Voraussetzung.

2.4: Verwendung von Keywords und Tags

Wie andere soziale Netzwerke verwendet auch Instagram die sogenannten Hashtags. Dabei handelt es sich um kleine Textanhänger, vor die man eine Raute (#) setzt. Darüber lassen sich die entsprechenden Inhalte des Tags problemlos verfolgen. Ihre Inhalte erscheinen über diese Hashtags für die Nutzer, in einem sichtbaren Bereich, dem sie nicht beziehungsweise noch nicht folgen. Idealerweise wählen Sie Ihren Hashtag so, dass das wichtigste Keyword zu Ihrem Inhalt darin enthalten ist. Wichtig ist, dass der Hashtag auch zum gezeigten Bild passt, ansonsten enttäuschen Sie schnell die Erwartungen der Nutzer.

Sie können auch verschiedene Hashtags miteinander verbinden, aber übertreiben Sie das nicht! Insbesondere bei Kommentaren zu fremden Inhalten könnte eine übertriebene Hashtagnutzung schnell wie eine Spamnachricht wirken.

2.5: Mäßige, aber regelmäßige Frequenz

Bei Instagram kann man häufig eine sehr unregelmäßige Frequenz der einzelnen Postings beobachten. Ein bestimmtes Event wird zum Beispiel häufig gepostet und danach passiert auf diesen Accounts teilweise wochen- oder monatelang gar nichts mehr. Damit tun Sie sich keinen Gefallen. Besser ist es, regelmäßig Fotos zu posten, damit auch Interessenten zu Followern oder Fans werden. Sie müssen feststellen können, dass Ihr Account lebendig ist und regelmäßig gepflegt wird.

Auf der anderen Seite sind zu viele Postings in kurzer Zeit ebenfalls kontraproduktiv. Durch eine wahre Überschwemmung mit Fotos fühlen sich Follower schnell belästigt, sodass sie Ihrem Unternehmen den Rücken kehren und Sie es schwer haben werden, sie wieder zurückzuholen.

2.6: Veranstalten Sie einen nutzergenerierten Wettbewerb

Für Sie und Ihr Unternehmen sind nutzergenerierte Wettbewerbe gleich doppelt wirksam. Einerseits wirken die Fotos als Markenbotschaft, andererseits erhält Ihr Unternehmen dadurch sehr authentische Produktbilder. Loben Sie zum Beispiel die beispielsweise als „Follower-Foto des Tages“ aus, inklusive einer Erwähnung Ihrer Firma. Dieses Foto können Sie bedenkenlos für Ihren eigenen Account nutzen.

Schauen Sie sich ruhig einige Beispiele an: Richtig gut macht das zum Beispiel der amerikanische Jeanshersteller Levis. Über Instagram suchte Levis nach einem neuen Model für die nächste Kollektion. Wer sich bewerben wollte, brauchte einfach nur ein Foto von sich in seiner Lieblingslevis mit dem Hashtag #iamlevis bei Instagram einstellen.

Mit dieser Aktion beschritt Levis einen vollkommen neuen Weg, ein Model auszusuchen.

Die Aktion schlug ein, wie eine Bombe und es wurden weit über 3.000 Bilder gepostet. Die erreichte Followeranzahl ist zwar schwer zu schätzen, aber bei einer realistischen Hochrechnung kann man davon ausgehen, dass mehr als 30.000 Instagram-Nutzer durch diese Aktion erreicht wurden. Außerdem ist es über Instagram möglich, Fotos auch auf Twitter und Facebook zu übertragen, das so genannte Crossposten. Damit dürfte die Werbekampagne noch wesentlich mehr zukünftige Kunden erreicht haben. Eine wirklich clevere, aber sehr einfache Werbestrategie.

2.7: Ihr Unternehmen braucht ein Gesicht

Reale Gesichter und Personen üben im Allgemeinen eine hohe Anziehungskraft aus. Auch das hat die Levis-Aktion ergeben. Dazu muss man aber nicht direkt eine groß angelegte Follower-Aktion starten, im Grunde genommen geht es auch viel einfacher: Ein kurzer Einblick in Ihren Arbeitsalltag und Momentaufnahmen, der bei Ihnen tatsächlich beschäftigten Personen, gibt Ihrem Unternehmen quasi ein Gesicht, und Ihr Unternehmen wird auf eine persönliche Ebene gehoben.

2.8: Fortgeschrittene Projekte nutzen API's

Wer Instagram wirklich professionell nutzen möchte, sollte sich mit den API's beschäftigen, die Instagram bereitstellt und sie für seine Projekte nutzen.

API ist die Abkürzung für den Begriff "Application Programming Interface". Eine API ist damit eine Schnittstelle: Sie verbindet unterschiedliche Soft- und Hardwarekomponenten, zum Beispiel Anwendungen, verschiedene Festplatten oder diverse Benutzeroberflächen.

APIs vereinheitlichen die Datenübergabe zwischen einzelnen Programmteilen, also Modulen und Programmen. Umfangreiche Programme beispielsweise können ohne APIs kaum noch programmiert werden. Einzelne Programmteile, sogenannte Module, werden vom eigentlichen Code abgetrennt und die einzelnen Module kommunizieren dann nur noch ausschließlich über die API. Einfach ausgedrückt übersetzen APIs die Software in eine Maschinensprache und machen sie damit für verschiedene Oberflächen lesbar. Über die Instagram-API können Instagram-Bilder mehrfach verortet werden. Sie können zum Beispiel Ihre geposteten Bilder mit einer Landkarte verbinden. Wird Ihr Foto irgendwo hochgeladen, erscheint auf der Karte ein schwarzer Punkt. Nicht nur Sie können dadurch sehen, wie sich Ihr Produkt verbreitet, Sie glauben nicht, welchen Eindruck es auf Ihre potenziellen Kunden macht, zu sehen, wo überall auf der Welt Ihr Produkt Anklang findet.

2.9: Schauen Sie sich interessante Businessprofile bei Instagram an und lernen Sie daraus.

Einige schöne Profile von Marken und Unternehmen habe ich Ihnen aufgelistet. Schauen Sie sich diese an, folgen Sie ihnen, um auch die Aktivitäten verfolgen zu können und lernen Sie von diesen Profilen.

Adidas

BMW

Levi's

Nintendo

Red Bull

Starbucks

Swatch

Volkswagen

Drittes Kapitel: Instagram für Unternehmen

Diese mittlerweile äußerst beliebte Foto-App ist nicht nur für den Einzelhandel, für Restaurants oder Reiseunternehmen relevant. Es ist das wirkungsvollste Instrument, effektiv eine Marke zu platzieren und gewinnt für Unternehmen jeglicher Art täglich an Bedeutung.

Instagram hat sich zu einem Medium entwickelt, auf dem wirklich jedes Unternehmen die visuelle Identität seiner Firma darstellen kann. Auf der anderen Seite können die potenziellen Kunden durch visuelle Reize das richtige Unternehmen für ihr jeweiliges Projekt finden. Fehlt eine ausgefeilte Instagram-Präsenz, kann es passieren, dass Unternehmen ignoriert werden oder komplett von der Bildfläche verschwinden. Dies gilt vermehrt bei der zukünftigen Kundengeneration.

So gilt Instagram zum Beispiel unter amerikanischen Jugendlichen und jungen Erwachsenen als *das* wichtigste, soziale Netzwerk überhaupt. Und auch die Jugend innerhalb der Bundesrepublik Deutschland nutzt diese App mit wachsender Beliebtheit. Bedenken Sie, dass die Jugendlichen von heute Ihre Zielgruppe von morgen darstellen.

Wenn Sie also Instagram ernst nehmen, eröffnen sich ganz neue Chancen und Möglichkeiten für Ihre Marke, Ihr Produkt oder Ihr Unternehmen. In einer Studie wird Instagram bereits als „König des Social Engagement" bezeichnet. Nach dieser Studie erzielten Top-Marken in Instagram pro Follower durchschnittlich eine Rate von 4,21 %. Damit ist die Aktionsrate der Nutzer auf Instagram fast 60 Mal höher, als auf Facebook und mehr als 120 Mal höher, als auf Twitter.

Genau das ist der Grund, warum Sie mit Ihrem Unternehmen auf Instagram vertreten sein sollten. Wie das geht, werden Sie in den folgenden Kapiteln erfahren. Ich werde Ihnen den gesamten Prozess einer

Instagram-Strategie erläutern, Ihnen die Einrichtung des Profils erklären und Beispiele für Marken auf Instagram vorstellen.

3.1: Grundsätzliches

Mit circa 4,2 Millionen aktiven Nutzern, in Deutschland, hat sich Instagram für Fotos und Videos zu einem der bekanntesten sozialen Netzwerken gemausert. Es können zwar Fotos und Videos auch über Facebook oder Google+ veröffentlicht werden, Instagram hat jedoch eine ganz eigene Darstellung und andere Schwerpunkte, als Facebook und Co. Im Mittelpunkt steht definitiv das Bild. Hierzu bietet die Instagram-App zahlreiche Möglichkeiten der Bildbearbeitung. Die Einordnung der Beiträge erfolgt durch sogenannte Hashtags, dargestellt durch die Raute „#“ und gefolgt von einer inhaltlichen Beschreibung.

Sie erreichen Ihre potenziellen Kunden über einen zielgerichteten Inhalt und eine clevere Strategie. Bei Instagram können Sie innerhalb Ihres Accounts nicht nur durch Bilder oder Videos, sondern auch auf anderen Wegen auf Ihr Unternehmen aufmerksam machen. Gerade in jüngster Zeit hat sich vor allem eine Produktplatzierung durch Influencer als Werbemethode durchgesetzt.

Influencer sind Meinungsbildner, die idealerweise im Netz bekannt sind und Sie im Marketing unterstützen können. Dazu zählen zum Beispiel Journalisten, Experten und Blogger.

3.2: Was ist ein Influencer und welche Eigenschaften muss er haben?

Influencer sind User, deren Beiträge geeignet sind, das Meinungsbild in den Social-Media-Bereichen entscheidend zu prägen. Eine Studie hat ergeben, dass heute jeder elfte Deutsche bereits als „Influencer“ bezeichnet werden kann.

Ungefähr 30 %, das sind in Zahlen rund 16 Millionen Onlinenutzer in Deutschland, bewerten regelmäßig Produkte im Onlinehandel. Ein

Drittel hiervon, also ca. 4,6 Millionen Menschen, gelten dabei als Influencer. Sie bewerten regelmäßig ihre Einkäufe und wirken daher meinungsbildend bei den restlichen Usern.

Influencer sind daher:

- Meinungsführer und Multiplikatoren
- unabhängig und authentisch
- Botschafter für ein Produkt oder eine Marke
- anerkannte Experten für ein bestimmtes Thema
- anerkannt bei ihren Lesern und Followern
- Vertreter eine bestimmte Zielgruppe

Durch ihre Kommentare und Bewertungen geben sie den Produkten und Marken eine persönliche Note, machen sie greifbarer und sorgen für eine gewisse Sympathie für das jeweilige Produkt.

Man unterscheidet hier Key-Influencer, Social-Influencer und Peer-Influencer.

Key-Influencer sind in aller Regel Journalisten und Experten mit eigenen Webseiten oder Blogs. Mit einer hohen Reichweite sind sie wichtige Multiplikatoren. Sie genießen ein hohes Ansehen und gelten häufig als Vorbilder.

Social-Influencer hingegen sind Menschen, die zwar keine ausgewiesenen Experten sind, trotzdem aber Meinungen und Empfehlungen über Themen, Unternehmen, Marken und Produkte abgeben und damit einen großen Einfluss ausüben. Sie geben Kommentare zu verschiedenen Themen ab und können auf diese Weise ebenfalls als Meinungsbildner, Markenbotschafter wirken. Sie geben Empfehlungen ab, können aber auch negativ beeinflussen und damit eine negative Wirkung entfalten. Social-Influencer können vor allem bestehende Kunden sein, die durch ihre Bewertung oder Kommentare die Kaufentscheidung anderer Kunden durchaus beeinflussen können.

Peer-Influencer hingegen sind dem Unternehmen auf besondere Weise verbunden. Dies können zum Beispiel Mitarbeitende oder Geschäftspartner sein, die innerhalb der Zielgruppe ein besonderes Vertrauen genießen, und allein durch ihre Persönlichkeit, ihr Wissen als Experten oder ihre große Erfahrung, einen nicht unerheblichen Einfluss auf die Entscheidung potenzieller Neukunden nehmen können.

Besonders wichtig unter den Influencern ist die Gruppe der Blogger. In allen möglichen Bereichen sind unterschiedlichste Menschen im Netz mit Blogs unterwegs. Sie setzen Trends und beeinflussen damit nachhaltig das Kaufverhalten ihrer Follower. Auch viele Journalisten sind als Blogger aktiv. Auch Ihre Kunden können Blogger sein, somit sind Blogger zugleich Kunden, Geschäftspartner oder Mitarbeiter.

Man geht davon aus, dass…

86 % der Influencer auch Blogger sind

57 % der Blogger mehr als einen Blog betreiben

92 % der Blogger nicht nur auf ihren Blogs, sondern auch auf den sozialen Netzwerken aktiv sind

3.3: Newsfeeds

Ein Newsfeed ist eine Technik, um auf einfachem Weg strukturiert die Änderungen auf einer Website veröffentlichen zu können. Dies können Nachrichten sein oder aber auch eine Nachrichtenfunktion beziehungsweise Foren oder Newsletter. In standardisierter Form werden diese Nachrichten an den Empfänger in sein E-Mail-Postfach versendet. Damit geht die Initiative nicht vom Unternehmen, sondern tatsächlich vom Empfänger aus, da dieser den Feed aktiv abonniert hat.

Auch diese Werbemöglichkeit, durch Anzeigen im Newsfeed, hat in der letzten Zeit an Bedeutung zugenommen. In den USA nutzten im Jahr 2016 bereits 53 Prozent der Unternehmen Instagram als Marketingstrategie, 2017 sollen es laut Prognosen bereits 74 Prozent sein.

3.4: Instagram in Zahlen

Ende 2014 nutzten bereits weltweit 300 Millionen User das Social Network, Instagram. Diese Zahl hat sich bis Ende 2016, also nach nur zwei Jahren, mehr als verdoppelt.

Auf die deutschen User heruntergebrochen, bedeutet dies, dass 30 % der bundesdeutschen Bevölkerung täglich auf Instagram aktiv sind. Davon sind wiederum 36 % im Alter zwischen 16 und 29 Jahren.

3.5: Emotion und Empathie führen zur Kundenbindung

Durch die geschickte Nutzung von Instagram kann ein Unternehmen ohne großen Aufwand neue Kunden auf sich aufmerksam machen. Bilder und Videos haben gegenüber Texten einen großen Vorteil: nämlich, dass man mit ihnen Botschaften sehr viel gezielter vermittelt, da der Mensch eher auf ein Bild, als auf einen geschriebenen Text, reagiert. Durch visuelle Medien werden Emotionen auf direktem Wege angesprochen, was zum Beispiel für das Image des Unternehmens sehr wertvoll ist. Außerdem trägt visuelles Marketing dazu bei, dem Unternehmen ein Gesicht zu geben und dazu, einer Marke, neudeutsch, ein Branding zu verleihen.

Fassen wir noch einmal zusammen:

Die Nutzung aller sozialen Netzwerke erfordert eine visuelle Kommunikation. Dabei ist natürlich nicht alles, was man ausdrücken möchte, so einfach zu visualisieren. Genau hier liegt das das Problem vieler Unternehmen, da sie versuchen, Instagram „so nebenbei“ laufen zu lassen. Wer es sorgfältig angeht und ausschließlich hochwertige und aussagekräftige Fotos verwendet, wird schnell von den positiven

Einflüssen eines visuellen Marketings profitieren.

Viertes Kapitel: Die Dos und Dont's

Um mit Instagram ein erfolgreiches Marketing zu starten, gilt es, einige Regeln zu beachten. Es ist nicht damit getan, schnell einen Account zu eröffnen und darauf zu hoffen, dass die Follower von selbst kommen. Es gibt, wie auch bei anderen Social Networks, durchaus Maßgaben, an die sich ein Unternehmen halten sollte, um einen authentischen Auftritt zu kreieren.

Im Folgenden stelle ich die Dos und Dont's vor, die unbedingt eingehalten werden müssen:

- regelmäßig posten

  Um in den Feeds, also den Nachrichten der User, und damit den potenziellen Neukunden, zu erscheinen, und vor allem nicht gleich wieder in Vergessenheit zu geraten, müssen Sie regelmäßig Beiträge posten. Es kann leider keine allgemeingültige Aussage getroffen werden, wie häufig Postings abgesetzt werden sollten. Das ist, wie so oft, Auslegungssache und vor allem davon abhängig, wie viele Informationen Sie realistischerweise aufbereiten können. In manchen Fällen können drei Beiträge pro Woche reichen, in anderen Fällen sollte mehrmals täglich gepostet werden.

- der Link zur Firma gehört ins Profil

  Auf Instagram ist es nicht möglich, kostenfrei einen Link unter seine Beiträge zu setzen. Einzig erlaubt ist der Link innerhalb des Profils, auch Bio genannt. Das Profil ist mit wenigen Klicks veränderbar, sodass Blogbeiträge oder Landingpages, je nach Aktualität eingebunden werden können.

  Die Landingpage ist jene Seite, auf die der Nutzer über einen externen Link gelangt und die darauf abzielt, einen konkreten

Inhalt einfach aufzubereiten. Sie ist so zu konzipieren, dass sie den Erwartungen des Nutzers gerecht wird. Es sollten dort ausschließlich Informationen enthalten sein, die nur für das entsprechende Thema relevant sind. Landingpages sind letztendlich nur dazu da, kurz betrachtet zu werden, und zum Weiterklicken anzuregen.

- Bio/Profil

Viele übersehen leider die Möglichkeit, ein aussagekräftiges Profil auszufüllen, dabei ist dieses Profil ein äußerst wertvolles Feature und quasi Ihre Visitenkarte. Wichtig ist nicht nur, dass es überhaupt ausgefüllt wird. Hier sollten Sie alle relevanten Keywords benennen, damit Ihr Unternehmen für interessierte User leichter auffindbar wird.

- Call-To-Action

Den Begriff „Call-To-Action" kann man am treffendsten mit „Aufforderung zum Handeln" übersetzen, eine selbsterklärende Definition: Der potenzielle Kunde soll damit durch eine gezielte Aussage angeregt werden, eine gewünschte Handlung zu vollziehen. Call-To-Action wird in allen Marketingstrategien eingesetzt: egal, ob TV-, Radio-, Print- oder Onlinewerbung.

Ihre Nutzer sollten nach dem Ansehen einer gewissen Botschaft noch einmal direkt angesprochen werden, um ihnen den vielleicht letzten, nötigen Kick, zu geben, das bestimmte Produkt zu kaufen oder sich näher mit dem Unternehmen zu beschäftigen. Aber auch hier sollten Unternehmen die eine oder andere Regel beachten, wenn sie Call-To-Actions in ihre Kampagne mit einbinden möchten.

Call-To-Actions müssen so gut wie möglich platziert werden. Als Aufforderung zu einer Kaufentscheidung werden sie idealerweise entweder am Anfang oder am Ende einer Werbebotschaft beziehungsweise einer Kampagne gesetzt. Wichtig ist, dass der Call-To-Action nicht innerhalb Ihrer Botschaft verloren geht, sondern dem Kunden im Gedächtnis haften bleibt. Außerdem darf der Kunde zu keiner Zeit das Gefühl entwickeln, auf irgendeine Weise gegängelt zu werden. Es soll lediglich ein Impuls gesetzt werden. Die Formulierung ist kurz und aussagekräftig zu halten, damit der Kunde sie schnell versteht und auch behält. Im Prinzip ist es auch hier wichtig, dass die Gestaltung passend und seriös formuliert ist, damit der Kunde auf subtile Art und Weise zu einer Handlung bewegt wird.

Um innerhalb der Postings Interaktionen zu fördern, könnten Sie zum Beispiel in der Beschreibung der Bilder Fragen stellen, oder die User bitten, ein Meinungsbild zu einem bestimmten Thema oder Ihrem Produkt, abzugeben.

- beidseitige Interaktionen

Nichts läuft von selbst und auch Instagram ist kein Selbstläufer. Hier ist eine sorgfältige Pflege sogar noch wichtiger, als bei vielen anderen sozialen Medien. Sie sollten sich aktiv einmischen und mit Ihrer Community aktiv kommunizieren. Das wirkt auf die User nicht nur authentisch und sympathisch, es erhöht auch signifikant die eingehenden Antworten und Posts, macht neue Mitglieder neugierig und wirkt sich damit positiv auf das Wachstum Ihrer Community aus.

- der Signature-Look

Hier ist etwas mehr Zeit notwendig, aber die Investition lohnt sich. Ihr Feed sollte visuell einheitlich sein. Wiederkehrende Elemente, gleiche Farbgebung oder einfach immer derselbe Filter. Dies sind Faktoren, die einen Feed zu einer Konstante machen.

- relevante Hashtags

  Unter jeden Beitrag können Sie bis zu 30 Hashtags setzen. Teilweise raten Experten dazu, dies auch auszunutzen, andere sind der Meinung, diese Methode wirke irgendwie verzweifelt.

  Sicher ist: Je mehr bedeutsame Hashtags Sie setzen, desto höher wird das Engagement Ihrer User sein. Nehmen Sie sich auf jeden Fall die Zeit, sich für Ihr Unternehmen passende Hashtags heraussuchen und nutzen Sie diese auch regelmäßig. Der Wiedererkennungswert ist nicht zu unterschätzen.

Fünftes Kapitel: Strategie ist alles

Am Anfang steht die Recherche an. Von Vorteil ist auf jeden Fall, wenn Sie Instagram bereits privat nutzen, bevor Sie es für Ihr Unternehmen einsetzen.

Beobachten Sie, wie andere Topmarken sich auf Instagram darstellen. Dazu gehören natürlich andere Unternehmen aus Ihrer Branche und selbstverständlich Ihre direkte Konkurrenz. Lassen Sie sich inspirieren und sammeln Sie alle notwendigen, für Sie wichtigen Informationen.

Machen Sie sich mit der App vertraut und spielen Sie ein wenig mit ihr. Erst dann können Sie beginnen, Ihre eigene Instagram-Strategie in Angriff zu nehmen. Stellen Sie einen Social-Media-Marketingplan auf, einen übergeordneten Leitfaden, all Ihrer Social-Media-Aktionen.

Dazu müssen Sie zunächst festlegen, welche Ihre Ziele für Instagram sind. Natürlich müssen diese Ziele mit Ihren allgemeinen Unternehmenszielen kompatibel sein.

Solche Ziele können zum Beispiel sein:

- Steigerung des Absatzes
- Steigerung der Bekanntheit Ihres Unternehmens oder Ihrer Marke
- Steigerung der Erwähnungen Ihres Unternehmens oder Ihrer Marke in Social Medias

Auch bei Ihrer Instagram-Strategie gehen Sie nach der SMART–Regel vor, das heißt, Ihre Ziele sollten spezifisch, messbar, akzeptiert, realistisch und terminiert sein. Halten Sie diese Regel ein, können Sie Ihre Steigerungen auch valide beurteilen, dazu jedoch später.

Haben Sie Ihre Ziele endgültig gefunden und definiert, können Sie ein Unternehmensleitbild entwickeln. Dieses Unternehmensleitbild ist quasi der rote Faden für all Ihre Aktivitäten auf Instagram und verhindert, dass Sie ähnlich, wie bei Twitter oder Facebook, agieren. Bitte verstehen Sie mich nicht falsch: Jedes soziale Netzwerk hat seine Besonderheiten und seine Für und Wider. Sie bieten sich aber immer für bestimmte Zwecke an. Instagram lebt von der Visualisierung. Dies sollten Sie in Ihrem Leitbild und in Ihren Zielen berücksichtigen.

Hier ein Beispiel, wie Ihre Unternehmensstrategie auf Instagram aussehen könnte:

- Zielformulierung: Mit Instagram werden wir (nun formulieren Sie den Zweck, den Sie mit Instagram verfolgen) um (nun kommt Ihr Unternehmensziel) zu erreichen …

- Sobald Sie dieses Leitbild formuliert haben, können Sie sich mit dem Inhalt beschäftigen

  Dazu gehören:

- ➢ Häufigkeit der Posts
- ➢ Veröffentlichungszeiten
- ➢ Erstellung eines Content-Kalenders
- ➢ Auswahl der Themen

Es sollte zwar regelmäßig gepostet werden, aber bitte nicht zu häufig. Ideal sind ein bis drei Posts am Tag. Dabei hängt der Tageszeitpunkt Ihrer Posts vor allem von Ihrer Zielgruppe ab. Sie sollten ein wenig testen und probieren, zu welchem Tageszeitpunkt Ihre Veröffentlichungen am ehesten wahrgenommen werden. Verändern Sie die Intervalle und posten Sie zu unterschiedlichen Tageszeiten. So finden Sie am ehesten heraus, wie es bestmöglich läuft. Achten Sie dabei unbedingt auf den Standort und damit auf die Zeitzone Ihrer potenziellen Kunden.

Alle Ergebnisse sollten in einen so genannten Content-Kalender einfließen. In diesem Kalender legen Sie alle Parameter verbindlich fest: Wer ist verantwortlich? Wann und in welchen Abständen soll gepostet werden? Welchen Inhalt sollen die zu veröffentlichenden Posts haben?

Auf Instagram kommt es ganz entscheidend auf die Auswahl der richtigen Themen und Bilder an, daher beleuchten wir dies einmal etwas ausführlicher.

Sechstes Kapitel: Bauen Sie Ihren Instagram-Account auf

Wie Sie bereits wissen, steht die Optik bei Instagram eindeutig im Vordergrund. Daher müssen Sie zunächst Ihren Marken- oder Firmenauftritt wiedererkennbar und vor allem einheitlich festlegen. Ihre Strategie haben Sie bereits festgelegt, nach diesen Prinzipien sollte Ihr gesamtes Instagram-Profil folgen.

Zunächst überlegen Sie sich, wie Ihr Instagram-Konto aussehen soll, welchen Look es bekommt. Sie sollten sich für mindestens einen, besser noch mehrere Filter für die meisten oder sogar alle Ihre Fotos entscheiden. Der Vorteil, wenn Sie konstant den gleichen Filter nutzen, ist, dass Ihre User rein visuell Ihre Marke / Firma identifizieren können. Sie etablieren damit für Ihre Follower einen wiedererkennbaren Stil. Dieser Effekt der Wiedererkennung verhindert, dass die Instagram-Nutzer immer weiter scrollen, wenn sie ein neues Foto von Ihrer Marke beziehungsweise Ihrer Firma sehen, und es sorgt damit für neue „Gefällt mir“-Angaben oder zusätzliche Kommentare. Ihre Fotos sollten daher unverwechselbar sein.

Schauen Sie sich ruhig bei anderen Marken / Firmen um und prüfen Sie deren Instagram-Auftritte auf ihre Wirksamkeit. Werfen Sie negative Beispiele über Bord, die Positiven behalten Sie im Hinterkopf. Eine kanadische Brauerei verwendet zum Beispiel für fast alle ihrer Fotos einen weißen Rahmen und sehr helle Farben. Wer durch die Nachrichten scrollt, verinnerlicht diesen Look sehr schnell. Andere Bilder, die diesem Schema folgen, werden direkt mit dieser Brauerei in Verbindung gebracht.

Im Netz gibt es verschiedene zusätzliche Apps zur Bildbearbeitung, die Ihnen zusätzliche Möglichkeiten und Filter bieten, und Ihnen wesentlich dabei helfen können, Ihren eigenen Stil zu erschaffen. Sie können Fotos, die mit allen möglichen Apps bearbeitet wurden, in Instagram integrieren.

Rein von der Optik her, sollten Sie auf jeden Fall bereits am Anfang entscheiden, auf welche Inhalte sich Ihre Fotos beziehen sollen. In vielen Fällen ist der Inhalt beziehungsweise Content offensichtlich: Eine Schneiderei wird ihre Kollektionen präsentieren, ein Weinhändler seine Weine. Leider ist das nicht bei allen Branchen so einfach. Aber mit etwas Fantasie finden auch andere Marken und Unternehmen, aus völlig anderen Branchen, einen Weg, sich über Instagram-Inhalte zu vermarkten und das kommt bei den Usern offensichtlich sehr gut an.

Sie müssen beileibe kein Lifestyleunternehmen sein, um Lifestyleinhalte zu posten. Sie können ebenso gut Fotos von Ihren Mitarbeitern, Ihrem Tagesablauf oder Ihren Büros und Werkstätten posten. Dies alles repräsentiert schließlich den Charakter und die Unternehmenskultur Ihrer Firma.

Wie schon gesagt: Sollten Sie sich nicht sicher sein, wie Sie Ihr Unternehmen visuell am besten präsentieren, beobachten Sie einfach einmal die Profile Ihrer Follower. Was interessiert sie? Was wird geteilt oder kommentiert? Können Sie daraus einen Trend herleiten? Wenn Sie dies erkennen können, übertragen Sie die Trends einfach auf Ihren eigenen Inhalt. Sie betreiben eine Rechtsanwaltskanzlei? Dann finden Sie zum Beispiel heraus, ob und welchen Kaffee Ihre Follower gerne trinken oder ob sie sich für Autos interessieren. Sie könnten darauf reagieren, indem Sie entsprechende Fotos von sich selbst, oder natürlich mit Einverständnis, von Ihren Mitarbeitern, einstellen. Fotos sollten jedoch immer den Namen des Fotografen benennen. Beginnen Sie, mit Instagram zu spielen. So können Sie zum Beispiel abwechselnd Fotos Ihrer Produkte und dann wieder nutzerorientierte Fotos posten. Das wirkt und hält Ihr Profil interessant beziehungsweise weniger aufdringlich.

Ihr Instagram-Profil sollte nicht nur optisch, sondern auch sprachlich einheitlich gestaltet sein. Auch der Stil der Bildunterschriften sollte einen Wiedererkennungswert haben. Bei den großen Organisationen wird mit Hashtags gearbeitet, was nicht heißt, dass Sie einfach nur den Namen Ihres Unternehmens als Hashtag verwenden sollten. Tun Sie dies auf keinen Fall. Vielmehr geht es darum, einen passenden Hashtag zu finden, der Ihren Instagram-Auftritt darstellt, User dazu animiert, Ihren Inhalten zu folgen, diese zu teilen und damit im Netz zu verbreiten. Damit können Sie potenzielle Neukunden erreichen. Sorgen Sie auf Ihrer Unternehmensseite mit geschickt eingesetzten Fotos und Bildunterschriften für ein gutes Ansehen innerhalb der Instagram-Familie. Die Follower kommen dann fast von selbst.

Siebtes Kapitel: Beginnen wir mit den ersten Schritten

Zunächst laden Sie sich die Instagram-App aus iTunes oder dem Google-Play-Store auf Ihr Mobilgerät. Die App ist komplett kostenfrei. Sie müssen aber Ihre E-Mail-Adresse angeben und ein Passwort wählen, um überhaupt ein Profil anlegen zu können.

Haben Sie sich in der App angemeldet, werden Sie gebeten, ein vollständiges Profil anzulegen. Dieser Bitte sollten Sie unbedingt nachkommen. Nehmen Sie sich ausreichend Zeit dafür und überstürzen Sie nichts. Kreieren Sie ein komplett vollständiges Profil und achten Sie dabei auf professionelle und interessante Formulierungen.

7.1: Benutzername und Profil

Die Schaffung eines Benutzernamens und das Anlegen eines Profils ist bei Instagram ein äußerst einfaches Unterfangen und gelingt wesentlich einfacher, als bei allen anderen sozialen Netzwerken. Damit andere Nutzer Sie finden können, sollten Sie Ihren Benutzernamen aus anderen Social Networks, in denen Sie bereits unterwegs sind, übernehmen, um alle Plattformen miteinander zu synchronisieren. Idealerweise wählen Sie den Namen Ihrer Firma. Auf dem öffentlichen Profil werden, außer dem Namen, noch zwei weitere Informationen bereitgestellt: zum einen die URL Ihrer Webseite, sowie eine kurze Biografie von maximal 150 Wörtern. Auf die Profilangaben sollten Sie ein besonderes Augenmerk legen. Dadurch, dass der Platz derart begrenzt ist, sollte Ihre Biografie kurz und knackig, aber auf keinen Fall trocken und langweilig, formuliert sein. Werden Sie kreativ und beschreiben Sie, was genau Ihre Firma tut und welchen Mehrwert die anderen Nutzer von Ihrem Instagram-Profil erhalten. Sorgen Sie für einen ausdrucksstarken Text, der alle Hashtags beinhaltet, die letztendlich von Ihren Followern benutzt werden sollen.

7.2: Das Profilfoto

Natürlich bietet es sich an, das Logo Ihres Unternehmens, falls vorhanden, als Profilbild zu verwenden. Dies gilt insbesondere dann, wenn Sie dies auch in anderen sozialen Netzwerken verwenden, damit der Wiedererkennungswert möglichst hochgehalten wird.

Das Instagram-Profilbild ist kreisförmig gestaltet. Sie sollten daher sicherstellen, dass Ihr Logo auch in diesem Format ansprechend aussieht und neugierig macht. Ihr Profilfoto ist jedoch nicht in Stein gemeißelt, Sie können es jederzeit ändern und ein anderes Foto hochladen.

Hier eine kurze Anleitung, wie man dies macht:

- Starten Sie die Instagram-App auf Ihrem iPhone oder Android-Smartphone
- Tippen Sie nun auf das Profilsymbol in der unteren Ecke, um Ihr Profil aufrufen zu können
- Wenn Sie Ihr Profilbild ändern möchten, tippen Sie auf Ihr derzeitiges Profilbild - Sie haben nun mehrere Möglichkeiten:
    - Sie können ein neues Profilbild "Von Facebook importieren"
    - Sie können ein neues Profilbild "Von Twitter importieren"
    - Sie können ein „neues Foto aufnehmen“, und zwar einfach mittels Ihrer Kamera

      oder Sie können ein Bild "Aus Bibliothek auswählen"

Einfacher geht es wirklich nicht. Trotzdem sei davor gewarnt. Die Änderung eines Profilfotos eignet sich nur in ganz besonderen Fällen, um den Wiedererkennungswert nicht zu gefährden. Außerdem sollte das Profilfoto in allen sozialen Netzwerken gleichzeitig geändert werden, um die User oder Follower nicht zu irritieren.

7.3: Benachrichtigungen aktivieren

Der Aspekt, automatische Benachrichtigungen auch wirklich zu aktivieren, wird häufig leider übersehen, obwohl gerade dies für ein gezieltes Marketing überaus wichtig ist. Sie sollten auf jeden Fall die Push-Benachrichtigungen für Ihre Fotos, alle „Gefällt-mir“-Angaben, abgegebene Kommentare und neue Follower aktivieren.

Aus privaten Kontexten wissen wir aber, dass Push-Nachrichten für den Empfänger auch sehr lästig werden können. Auch hier gilt es, ein paar Regeln zu beachten.

7.3.1: Stellen Sie den Mehrwert für Ihre Follower dar

Im schlimmsten Fall sehen Kunden Ihre Messages als reine Zeitverschwendung an. Diese werden dann die Benachrichtigungen deaktivieren, was eine absolut kontraproduktive Reaktion auf Ihre Marketingstrategie darstellen würde. Eine Umfrage mit 1.000 Konsumenten hat ergeben, dass 69 Prozent der Befragten zwar Push-Benachrichtigungen aktiviert hatten, diese aber sofort deaktivieren würden, wenn die Nachrichten langweilig wären oder die Nutzer aus anderen Gründen unzufrieden sind. Bevor Sie sich also auf die Push-Benachrichtigungen einlassen, betrachten Sie noch einmal ganz genau Ihre Zielgruppe und machen Sie sich Gedanken, welche Botschaften tatsächlich ankommen und direkt die Aufmerksamkeit Ihrer Follower erregen würden.

7.3.2: Lernen Sie Ihre Zielgruppe genau kennen

Haben Ihre Kunden bestimmte Vorlieben? Dann berücksichtigen Sie dieses. Durch die Informationen, die Ihre Kunden Ihnen durch Likes und Kommentare zur Verfügung stellen, können Sie sich einen guten Überblick verschaffen. Sie erhalten eine gute Vorstellung davon, wer

Ihre Kunden überhaupt sind und was sie an Ihrer Marke oder Ihrem Unternehmen besonders schätzen. Mithilfe dieser Daten können Sie Ihre Nutzer in bestimmten Sparten zusammenfassen und aufgrund von bestimmten Reaktionen kundenspezifische Kampagnen entwickeln. Alle Ihre Kunden sind Individuen. Wenn Sie dies in Ihre Überlegungen mit einbeziehen, können Sie Marketingmaßnahmen zielgerichteter platzieren. Daher sollten Sie ausschließlich relevante und themenbezogene Nachrichten versenden. So erzielen Sie eine positive Aufmerksamkeit und können dafür sorgen, dass Ihre Follower nicht nur über Instagram Ihre Marke bewerben.

7.3.3. Achten Sie auf die richtige Sprache

Wer heutzutage ein Smartphone nutzt, setzt darauf, dass alle eingehenden Meldungen absolut aktuell, wichtig und sehr eilig sind. Daher müssen Sie eine Sprache wählen, die ansprechend und unmissverständlich ist. Ansonsten riskieren Sie, dass Ihre Nutzer nicht reagieren. Angefügte Emojis können helfen, eine Nachricht etwas lebendiger zu machen. Achten Sie aber sorgfältig darauf, dass das angefügte Bild auch zur Sprache passt. Alles andere wirkt nicht authentisch und wird sofort weggeklickt. Die Sprachwahl sollte ebenfalls dem Nutzerkreis angepasst werden. Haben Sie vorwiegend mit jüngerem Publikum zu tun, bringt es Ihnen nichts, Ihre Posts mit Fremdwörtern und Anglizismen zu spicken. Auf der anderen Seite, reagiert eine ältere, gediegenere Klientel allergisch auf einen allzu lockeren Sprachgebrauch.

7.3.4: Nichts übertreiben

Genauso wichtig, wie der Mehrwert Ihrer Nachrichten, ist die richtige Frequenz, damit Ihre Kunden Ihre Nachrichten spannend und wertvoll finden. Zu häufige Nachrichten schrecken Ihre Kunden eher ab, als dass sie sie interessieren. Eine Regel hierfür gibt es zwar nicht, aber häufig ist „weniger mehr“.

7.3.5: Beachten Sie: Benachrichtigungen gehen in Echtzeit ein

Wenn Sie erst die richtige Frequenz für den Versand Ihrer Nachrichten gefunden haben, ist das schon einmal sehr gut. Doch wenn die Tageszeit, zu der sie bei Ihren Followern ankommen, falsch gewählt ist, kann dies verheerende Folgen haben. Beachten Sie als Regel: Benachrichtigungen erscheinen in Echtzeit auf dem Display Ihrer Kunden. Achten Sie darauf, dass diese zum Beispiel nicht aus dem Schlaf gerissen werden. Dies sollten Sie im Vorhinein sorgfältig planen und dabei unter Umständen auch Zeitzonen beachten. Versenden Sie Ihre Nachrichten immer zu angemessenen Zeiten. Außerdem sollten Sie die Aktivitätszeiten Ihrer Kunden analysieren. Schauen Sie, wann sie in der Regel auf Instagram aktiv sind und passen Sie Ihre Versandzeiten entsprechend an. Wenn Sie zum Beispiel feststellen, dass Ihre Kunden am frühen Nachmittag verstärkt aktiv sind, verschicken Sie Ihre Nachrichten zu dieser Zeit.

7.3.6: Sorgen Sie für ein einfaches Verfahren des Werbe- und Informationsversands

Das Verfahren, auf welche Weise Sie Werbung und Informationen versenden, wird in der Fachsprache als „opt-out“ oder „opting-out“ bezeichnet.

Ein möglichst einfaches Verfahren für das Versenden Ihrer Nachrichten ist nicht nur eine Frage der Höflichkeit, es verhindert auf Dauer auch, dass Ihre Nutzer die Push-Benachrichtigungen nicht direkt deaktivieren. Wenn Ihre Opt-out-Option zu kompliziert ist, riskieren Sie also, dass Ihr Kunde die Nachrichten sofort löscht, ohne sie gelesen zu haben. Dieser Umstand ist für Ihre Werbestrategie kontraproduktiv. Halten Sie Ihre Follower bei der Stange, können Sie zur Unterstützung auch andere Social Medias nutzen, um Ihre Kunden anzusprechen und nach Instagram umleiten.

Wenn Sie eine gute Strategie für Ihre Push-Benachrichtigungen gefunden haben, führt dies zu einem hohen Engagement und mit der Zeit zu einer höheren Kundenbindung.

Bei Experten ist man sich einig, dass die Qualität der Nachrichten entscheidend ist. Kopieren Sie nicht einfach den Inhalt Ihrer Website nach Instagram, sondern kreieren Sie Nachrichten, die Interesse wecken. Das Geheimnis eines Erfolges besteht darin, herauszubekommen und zu verstehen, was Ihre Kunden gerade tun und mit welchen Problemen sie sich beschäftigen. Ihr Auftrag besteht darin, das nötige Werkzeug für die Problemlösungsstrategien Ihrer Kunden zu liefern, um sie dauerhaft an Sie zu binden.

Benachrichtigungen sind also für Ihre Werbekampagnen von entscheidender Bedeutung. Und sie funktionieren auch andersherum. Wenn zum Beispiel jemand Ihre Marke in einem Foto teilt, erhalten Sie auf direktem Wege eine Push-Nachricht und sind so immer informiert, was sich auf Ihrem Instagram-Account tut. Sie könnten auch entsprechend reagieren, zum Beispiel dem Nutzer danken, einen Kommentar hinterlassen oder auch seinen Beitrag teilen, um möglichst viele Nutzer zu erreichen. Push-Nachrichten halten Sie auf dem Laufenden und sorgen dafür, dass Sie Ihren Instagram-Account pflegen und die Nutzer, die Ihnen folgen, auch mit Ihnen korrespondieren können.

7.3.7: Folgen Sie anderen Instagram-Nutzern

Um mit Ihrem Instagram-Account für Ihr Unternehmen erfolgreich zu sein, sollten Sie nicht nur viele Follower haben, sondern selbst auch möglichst vielen Nutzern folgen. Finden Sie Influencer, die Ihrer Branche angehören, Kunden und weitere engagierte Nutzer, und folgen Sie diesen. Dazu müssen Sie die, für Ihre Branche relevanten Hashtags, recherchieren. Sie können auf sich aufmerksam machen, indem Sie Fotos kommentieren und anderen Nutzern folgen. Mischen Sie sich ruhig in Diskussionen auf fremden Accounts ein. Sie glauben nicht, wie rasant die Anzahl Ihrer Follower auf Instagram sich erhöht.

Weisen Sie auf allen Kanälen Ihrer Internetpräsenz auf Ihren Instagram-Account hin und umgekehrt. Sie erreichen damit eine sogenannte Cross-Promotion Ihrer Webaktivitäten. Sie könnten auch Ihre Community in anderen sozialen Netzwerken von Ihrer Aktivität auf Instagram benachrichtigen, und sie bitten, Ihnen auch dort zu folgen.

Achtes Kapitel: Wie interagiere ich auf Instagram?

Wenn Sie Instagram erfolgreich eingerichtet haben, können Sie Beiträge teilen und Ihre Aktionen starten. Posten Sie ausschließlich qualitativ hochwertige Bilder, die Ihrer Marke entsprechen, und posten Sie immer mit Ihrem Kalender, den sie ja vorab erstellt haben. Beachten Sie, dass Instagram vor allem eine mobile Plattform ist, und wählen Sie Ihre Fotos entsprechend aus. Überlegen und prüfen Sie, ob Ihr Foto auf einem kleinen Bildschirm auch wirklich gut aussieht, und verwenden Sie hochauflösende Fotos.

Instagram erlaubt es, Bilder direkt auf Facebook, Twitter und andere soziale Netzwerke zu übertragen. Diese Gelegenheit zum sogenannten Crossposten Ihrer Instagram-Bilder sollten Sie auf jeden Fall wahrnehmen, da sich Ihre Beiträge so bestmöglich verbreiten lassen. Zeigen Sie Ihren Nutzern auf allen sozialen Netzwerken, dass Sie ein Instagram-Profil haben und was es dort zu sehen gibt. Mit dieser Möglichkeit können Sie durchaus die Anzahl Ihrer Follower erhöhen. Instagram ist dadurch eine einfache Quelle visueller Beiträge für die anderen sozialen Netzwerke. Sie sollten darauf achten, dass der Inhalt auch zu der jeweiligen Zielgruppe des Netzwerkes, in dem Ihre Bild-Posts geteilt werden, passt. Posten Sie also nicht pauschal alles, in jedem Netzwerk, das könnte Ihre Follower überfordern. Das gilt im Übrigen auch für das Einbetten Ihrer Instagram-Fotos in Blogs und auf Ihrer Webseite.

Arbeiten Sie zum Beispiel im Einzelhandel, in der Nahrungsmittelindustrie oder einem anderen Geschäft mit physischem Standort, sollten Sie diesen Standort in Ihren Fotos darstellen und auch eine Wegbeschreibung hinterlassen. So können sich Nutzer nicht nur die Fotos Ihres Geschäftes ansehen, sie finden auch schnell den Weg dorthin.

Geben Sie alles, um auf Kommentare von Followern und Nutzern zu antworten. Das ist am Anfang etwas zeitintensiv, lohnt sich aber auf Dauer durchaus. Durchsuchen Sie die Hashtags, die Ihrer Branche entsprechen, machen Sie „Gefällt-mir"-Angaben und kommentieren Sie Bilder, die Sie selbst interessieren. Haben Sie keine Scheu, Nutzern zu folgen, die auch Ihnen folgen. Folgen Sie vor allem denjenigen, von denen Sie den Eindruck haben, dass sie offensichtlich viel Arbeit in ihr eigenes Instagram-Profil stecken. Dadurch, dass sie wahrscheinlich eher mit ihrer Marke posten, werden Ihnen wertvolle Anregungen für Ihr eigenes Profil gegeben und eventuell sogar wunderbare Inspirationen für Ihre eigenen Bilder.

Kurz gesagt hängt der Erfolg Ihres Instagram-Profils einfach nur davon ab, wie Sie Ihr Unternehmen für die Community interessant machen. Stellen Sie immer sicher, dass Ihre Nutzer, die sich ja auch mit Ihrer Marke oder Ihrem Unternehmen beschäftigen, von Ihnen wertgeschätzt werden, indem Sie sich für hinterlassene Kommentare bedanken, und zwar bei jedem Einzelnen.

Das sollten Sie immer höchstpersönlich erledigen. Automatisierte Kommentare werden schnell entlarvt und funktionieren daher nicht auf Dauer.

Neuntes Kapitel: Die Instagram-Analyse

In allen sozialen Netzwerken sollten Sie die Leistung und Wirkung Ihrer Beiträge beobachten. So auch bei Instagram. Sie können dadurch beurteilen, welche Bilder oder Beiträge das Interesse Ihrer Follower wecken und sich anhand dieser Analyse kontinuierlich verbessern. Durch die Aufzeichnung dieser Daten aus der Instagram-Analyse können Sie jederzeit überprüfen, ob Ihre Strategie erfolgreich ist und Sie die gesetzten Ziele auch erreichen.

Dazu sollten Sie, wie in anderen Marketingstrategien auch, Kennzahlen für Instagram festlegen und entscheiden, in welchem zeitlichen Turnus Sie die Daten prüfen wollen. Soziale Medien bewegen sich unaufhörlich, und auch bei Instagram können sich die Trends blitzschnell verändern. Sie sollten daher Ihren Instagram-Auftritt mindestens einmal in der Woche prüfen, wenn Ihnen die personellen Ressourcen hierfür zur Verfügung stehen. Trotzdem ist es von immanenter Wichtigkeit, frühzeitig zu wissen, ob und wie Ihre Fotos Interesse wecken. So ist es möglich, erfolgreichere Bilder aktiver zu bewerben, als die weniger Erfolgreichen.

Wenn Sie die Festlegung und kontinuierliche Prüfung Ihrer Kennzahlen nicht selbst erledigen wollen oder können, ist es möglich, sich professionelle Hilfe an die Seite zu holen. Im Netz existieren einige wirklich gute Analysemöglichkeiten, die diese Arbeit für Sie erledigen können.

Mithilfe dieser zusätzlichen Optionen für geschäftliches Instagram-Marketing können Sie Folgendes beobachten lassen:

- das Wachstum Ihrer Follower-Gemeinschaft
- Ihre besten Follower

- alle Interaktionen, die mit Ihren Fotos erfolgt sind
- die Historie Ihrer Posts
- die beste Tageszeit für Ihre Postings
- die Zeitspanne, in der Ihre Fotos am häufigsten betrachtet werden

Eine professionelle Lösung zum Beispiel bietet die Iconosquare-App, mit der Sie nicht nur Ihre Kennzahlen beobachten, sondern gleichzeitig Ihre Homefeeds sichten, Ihre Follower verwalten und Instagram-Fotos nach bestimmten Hashtags durchsuchen, sowie Ihre Instagram-Fotos auf anderen Social Networks posten können.

Zehntes Kapitel: Instagram-Stories und wie Unternehmen sie nutzen können

Wie bringen Unternehmen denn nun ihre Informationen bestmöglich an den Mann oder die Frau? Um einen bestmöglichen Effekt erzielen zu können, wurde im August 2016 ein Instagram-Story-Format geschaffen, welches direkt gut angenommen wurde. Durchgehend steigende Zahlen sprechen eine deutliche Sprache und zeugen bereits jetzt für ein erfolgreiches Format. Unternehmen und Marken können sich hier besonders wirkungsvoll präsentieren. Dafür spricht, dass bereits heute ein Drittel der am meisten angesehenen Stories von Marken und Unternehmen stammt. Damit wird Ihnen sicherlich schnell klar sein, dass auch Sie sich mit Stories befassen und vertraut machen sollten. Das Format „Story-Telling“ ist nicht umsonst an prädestinierter Stelle in die App integriert, und wird absolut offensiv von Instagram kommuniziert und beworben. Diese Möglichkeiten sollten Sie zügig ausschöpfen, da der Wettbewerb der Stories in den nächsten Monaten und Jahren deutlich zunehmen wird, was eine gute Platzierung für Sie nicht einfacher machen wird.

Allein im Juni 2017 haben mehr als 50 % der Unternehmen und Marken mindestens eine Instagram-Story veröffentlicht. Instagram besteht mittlerweile also nicht nur aus dem Instagram-Feed, sondern immer mehr auch aus den Instagram-Stories.

10.1: Wie lang sollte eine solche Instagram Story sein?

Zu raten ist: Experimentieren Sie und testen Sie neue Funktionen aus. Das sorgt für ein gutes Verständnis für dieses Tool und versetzt Sie in die Lage, das Handling zu üben und letztendlich zu beherrschen. Allerdings sollten Sie auch bei Instagram-Stories ein paar Dinge auf dem Schirm haben. Ein ganz entscheidender Punkt bei Instagram-Stories sind die Länge und die Anzahl der Inhalte, die Sie beschreiben wollen.

Möglicherweise nutzen Sie bereits Snapchat, wo sich ähnliche Fragen stellen. Bei Instagram bewegen Sie sich aber in einem vollkommen anderen Terrain.

Denn während bei Snapchat Gruppennachrichten und deren Snapchat-Stories im Vordergrund stehen, lebt Instagram nach wie vor den Feed. Sobald Nutzer die Instagram-App öffnen, müssen sie nämlich eine Entscheidung treffen. Wie bereits erwähnt, stammt ungefähr ein Drittel aller am meisten gelesenen beziehungsweise angesehenen Instagram-Stories, von Unternehmen und Marken.

Schaut ein Nutzer sich eine Instagram-Story an, widmet er seine Aufmerksamkeit, wie gewohnt, zunächst dem Instagram-Feed. Entscheiden sich Nutzer dafür, die Stories anzusehen, ist nicht nur die Reihenfolge der angezeigten Stories ausschlaggebend, sondern auch die Länge der jeweiligen Story. Eine Analyse von Snapchat hat gezeigt, dass Stories mit höchstens acht Inhalten am häufigsten angeschaut werden und damit die besten Ergebnisse erzielen. Das bedeutet, dass sich die meisten Nutzer diese Stories tatsächlich vom Anfang bis zum Ende ansehen. Diese Analyse ist sicherlich nicht komplett auf Instagram übertragbar, da dieses Format noch nicht lange genug existiert. Aber es ist ein guter Anhaltspunkt, an dem Sie sich bei Ihren ersten Versuchen gut orientieren können.

Betrachtet man die sehr langen Snapchat-Stories, stellt man fest, dass die ersten Inhalte noch gelesen werden, die nächsten Inhalte werden dann schon überblättert und irgendwann wird die Story mangels Interesse geschlossen. Auf Instagram haben Sie zwei eigene Konkurrenten: Ihren Instagram-Feed und Ihre Instagram-Story.

Es gibt in dem Bereich zwar keine grundsätzliche Regel, trotzdem wage ich zu behaupten, dass kürzere Stories wesentlich erfolgreicher sind, als längere. Schauen Sie sich die Anzahl der Aufrufe fremder Instagram-Stories an und versuchen Sie es mit einer Eigenen. Sie werden schnell registrieren, wie viele Follower Ihre Story aufrufen und wie lange sie diese ansehen. Schnell erkennen Sie den Punkt, an dem die Aufmerksamkeit für Ihre Story sinkt. Ebenso wichtig ist ein interessanter Einstieg in Ihre Story, damit die Follower direkt davon überzeugt werden.

Etwas anders verhält es sich mit den Instagram-Live-Videos. Livestreams werden zwar im gleichen Bereich, wie Instagram-Stories abgespielt, haben aber ein eigenes Format und sind nicht Bestandteil einer Story.

10.2: Unterschiedliche Formate für eine Instagram Story einsetzen

Eine gute Mischung aus Fotos und Videos ist entscheidend. Zu viele Kurzvideos, die letztendlich ein langes Video ergeben, treffen nicht unbedingt den Geschmack der Mehrheit der Instagram-User. Viel reizvoller und interessanter wird ein abwechselndes Posten von Fotos, Videos und weiteren Inhalten empfunden. Sie sollten zum Beispiel auf gar keinen Fall versuchen, auf YouTube veröffentlichte Videos zu zerstückeln und einzeln zu posten. Wenn die User einen YouTube-Film sehen wollen, gehen sie auch nach YouTube. Sollten Sie jedoch auf YouTube ein Video veröffentlicht haben, können Sie dies selbstverständlich in Ihrem Instagram-Account angeben und dadurch Werbung für das Video machen.

Für Ihr Unternehmen oder Ihre Marke ist es von großer Bedeutung, unmittelbar die Aufmerksamkeit der Nutzer zu erwecken und sie dazu zu animieren, Ihre Story anzusehen. Bedenken Sie, dass die meisten User bei Unternehmen oder Marken wesentlich ungnädiger sind, als bei ihrer Fashionista oder einer sonstigen Story, die allein der Unterhaltung dient.

Daher gilt es, eine gute Frequenz für Ihre Story zu finden, damit sie so oft wie möglich, an einer der vorderen Positionen aufgelistet wird.

10.3: Wie bearbeitet man Inhalte und fügt sie zu einer Instagram Story hinzu?

Ein sehr wichtiger Punkt ist, dass Instagram auch einen Upload aus Ihrem digitalen Fotoalbum ermöglicht. So können beispielsweise Inhalte und Layout aus anderen Anwendungen für Ihre Instagram-Stories verwendet werden. Natürlich können Sie auch Fotos mit VSCO oder Enlight bearbeiten, speichern und für Instagram-Stories einsetzen.

Zwar sind Instagram-Stories erst seit Kurzem verfügbar, trotzdem sind sie bereits jetzt bei vielen Unternehmen ein fester Bestandteil ihrer Werbestrategie auf Instagram. Seit seiner Einführung entwickelt sich Instagram ständig weiter. Es wurden bereits viele neue Funktionen eingeführt und die Entwicklung geht weiter. In der letzten Zeit wurden folgende Features zugefügt, deren Funktionen für Instagram-Stories von großem Nutzen sind.

10.3.1: Hinzugefügte Funktionen für Instagram-Stories

- Hashtags in Instagram-Stories benutzen und verlinken

Seit Mai 2017 besteht die Möglichkeit, Hashtags in Instagram-Stories zu verlinken. Die Funktionsweise kann man in etwa mit der Markierung von Orten vergleichen. Aus der Sicht Ihrer Werbestrategie ist es sehr sinnvoll, Ihre Hashtags auch in Ihre Instagram-Stories zu integrieren. Die Stories stellen damit einen weiteren Kanal dar, um Ihre Follower auf Aktionen per Hashtag zu bringen. Auch Ihre Influencer können die Hashtags Ihres Unternehmens in ihren Stories platzieren und steigern damit die Attraktivität ihrer eigenen Stories noch weiter.

- Locations für Instagram-Stories

  So ähnlich, wie bei den Hashtags für Ihre Instagram-Stories, können Sie auch Orte oder Ortsangaben markieren. Die Funktion ist gleich. Tippen Follower auf die Ortsangabe innerhalb Ihrer Story, können sie sich die entsprechende Story zum jeweiligen Ort ansehen. Es können bei Instagram auch verschiedene Ortsangaben zu übergreifenden Location-Stories zusammengefasst werden. Wenn Sie also Ortsangaben und Locations in Ihre Stories einbinden, erhöhen Sie nicht nur die Reichweite Ihrer Stories, sondern Sie sprechen auch neue, potenzielle Kunden an, welche dann eventuell Ihrem Account folgen.

- Andere Nutzer in Stories markieren

Dies ist eines der neuesten Features bei Instagram. Analog zu den Instagram-Kommentaren, können Sie jetzt mit @Nutzername eine andere Person in Ihrer Story markieren. Damit wird eine Verlinkung hergestellt und kann aus der Story direkt geöffnet werden. Wenn Nutzer nun in der Story auf die Markierung tippen, gelangen sie zu einer Vorschau auf das jeweilige Profil. Ein hilfreiches Feature, aber Sie sollten peinlich genau darauf achten, dass Ihre Nutzer auf diese Weise nicht von Ihrer eigenen Story abgelenkt werden und sie sich möglicherweise nicht mehr bis zum Ende anschauen.

- Links in Instagram-Stories

Hier wird es jetzt wirklich spannend: Instagram testet gerade Links innerhalb von Instagram-Stories. Dieses Feature wird zunächst nur als Test für bestimmte Accounts eingeführt. Die Verlinkung innerhalb einer Story bietet Ihnen viele neue Möglichkeiten, indem Sie beliebig viele Links in Ihren Stories einsetzen können. Die ersten Beispiele vermitteln einen sehr guten Eindruck, da mit den Links weitere Informationen, über die Story hinaus, bereitgestellt werden können. Über einen Button, „see more“, werden Nutzer auf eine bestimmte Seite weitergeleitet, zum Beispiel auf Ihre Firmenseite. Überlegen Sie aber immer, welchen Zweck Sie mit Ihrer Instagram-Story verfolgen. Ist Ihr Profil verifiziert, können Sie die Links in

Ihren Instagram-Stories ab sofort testen.

- Andere Instagram-Stories neu entdecken

  Andere Nutzer bieten Ihnen nicht nur neue Inhalte, sondern auch Inspirationen. Sie können neue und angesagte Themen entdecken. Mit „Instagram-Stories on Explore“ können Sie sich die Stories anderer Unternehmen und Nutzer ansehen, auch, wenn Sie deren Accounts gar nicht folgen. Sie können sich damit nicht nur auf die Suche nach Fotos und Videos machen, sondern auch Instagram-Stories erforschen.

- Anzeigen für Instagram-Stories

  Bei nahezu 250 Millionen Nutzern von Stories ist es selbstverständlich, dass auch Facebook ein Format für Anzeigen einsetzt. Ergebnis davon sind Instagram-Story-ADs, die Sie ebenfalls für Ihre Werbestrategie einsetzen können.

- Die Ansicht der Instagram-Story-Anzeigen ist durchaus vorzeigbar:

  - vertikale Fullscreen-Anzeigen als Foto oder Video
  - optimale Auflösung von 1080 x 1920 Pixel
  - Videos mit einer maximalen Dauer von 15 Sekunden

Entscheidend ist, wie immer, das Ziel, welches Sie mit Ihrer Anzeige verfolgen. Im Grunde genommen sind Instagram-Story-Anzeigen auf vielfältige Weise einzusetzen.

Selbstverständlich erhöhen sie die Reichweite und Ansichten Ihrer Inhalte.

Story-Anzeigen unterstützen Ihre Verlinkungen und mit einem Wisch nach oben, können

Nutzer auf Landingpages oder in App Stores geführt werden.

- Farbiger Text für Instagram-Stories

  Zunächst wurde bei Instagram auf einige Features verzichtet, zum Beispiel auf farbige Texte. Das wurde mittlerweile verändert. Storys wirken durch den Einsatz farbiger Texte einfach besser. Dabei können Sie nicht nur auf die vorgegebenen Farben zurückgreifen, durch Antippen und Halten der einzelnen Farben, können Sie diese weiter individualisieren. Ganz, wie es Ihrem Firmenlogo entspricht. Das sorgt auf jeden Fall für einen hohen Wiedererkennungswert.

- Eine Instagram-Story „stumm schalten“

  Sie werden dies nicht wirklich wollen, sollten aber trotzdem wissen, dass Sie Ihre Instagram-Stories auch „stumm schalten“ können. Einzelne Storys lassen sich dadurch verbergen, rücken in der Reihenfolge nach hinten und werden nicht mehr automatisch abgespielt. Interessant wäre es für Sie zu wissen, wie viele Nutzer Ihre Storys stumm geschaltet haben. An der Entwicklung einer solchen Analyse wird derzeit mit Hochdruck gearbeitet.

- Automatisches Speichern

Die Erstellung einer Instagram-Story ist mit einem großen Aufwand verbunden. Daher sollten

Sie Ihre Inhalte speichern, was mit der Autosavefunktion problemlos möglich ist.

Aktiviert wird diese Funktion mit einem Tab. Tippen Sie auf das Zahnrad oben links mit der

Bezeichnung „Geteilte Fotos speichern“, schon werden Fotos und Videos automatisch gespeichert und gehen nicht mehr verloren. Zu einem späteren Zeitpunkt können Sie sie für eine neue Aktion wieder einsetzen.

Elftes Kapitel: Weitere Tipps für Ihre Instagram-Stories

11.1: Boomerang und Hyperlapse

Boomerang und Hyperlapse bieten Ihnen unterschiedliche Möglichkeiten für Ihre Story und eignen sich daher auch sehr gut für Instagram. Bislang werden sie jedoch noch sehr selten eingesetzt, dabei ist ihre Einbindung bei Instagram denkbar einfach. Durch einfaches Wischen nach unten, können Sie Ihre gespeicherten Bilder oder Videos der Story beifügen. Auch Boomerang- und Hyperlapsevideos können so in die Instagram-Story integriert werden. Im Fotoalbum werden allerdings nur Inhalte angezeigt, die auch in den letzten 24 Stunden gespeichert wurden.

Seit November 2016, nach dem letzten Update, kann Boomerang jetzt auch direkt in Instagram-Stories eingefügt werden, ohne zwischenspeichern zu müssen. Ein Upload ist nicht mehr notwendig.

Neben den Fotos oder Videos können Sie parallel den Boomerang-Modus auswählen. Wenn Sie nun ein Foto oder ein Video aufnehmen, wird automatisch ein Boomerang erstellt, der dann direkt als Story geteilt werden könnte.

11.2: Zeichnen

Sie kennen möglicherweise einige der Artists, die Snapchat hervorgebracht hat. Eine ähnliche Kreativität kann man mit den Zeichenwerkzeugen von Instagram-Stories ausleben. Insgesamt stehen Ihnen drei unterschiedliche Stifte zur Verfügung. Wenn Sie auf einen der farbigen Punkte drücken, ändert sich die Stiftfarbe. Auch die Stärke der Schrift kann angepasst werden.

11.3: Instagram-Stories einen Text beifügen

Mit Ihren Texten können Sie weit mehr machen, als sie einfach nur zu formulieren und einzugeben. Mit vielerlei Möglichkeiten, wie ziehen, zoomen, rotieren und Einigem mehr, lassen sich Ihre Texte auch in der Größe verändern. Sie können Emojis und gezeichnete Hintergründe zufügen, um mit den Texten eine kreativere Wirkung und somit mehr Aufmerksamkeit zu erzielen.

Story-Filter:

Nicht nur Instagram-Fotos, sondern auch die Bilder aus Ihrem Fotoalbum, können Sie so mit einem Filter überziehen. Durch einfaches Wischen nach links können Sie bei Ihren Fotos und Videos den passenden Filter auswählen. Folgen Sie hier einer gewissen Grundlinie und experimentieren beziehungsweise wechseln Sie nicht zu häufig die Filter. Das würde Ihre Follower allenfalls verwirren.

11.4: Im Profil die Instagram-Stories veröffentlichen

Ein ganz wichtiger Punkt! Wenn Sie schon viel Zeit in Ihre Story investiert haben, dann sollten Sie sie auch bestmöglich verbreiten. Instagram-Stories, die Sie bereits herausgebracht haben, können Sie ganz einfach in das eigene Profil integrieren. Hierfür klicken Sie auf das „…“ - Symbol unten rechts und wählen bei IOS, die Funktion: „Als Beitrag teilen“, bei Android: „Einen Beitrag teilen“, aus.

11.5: Dialoge und Interaktionen

Die Follower können Ihre Instagram-Stories zwar nicht kommentieren, trotzdem besteht die Möglichkeit, in einen Dialog zu kommen. Instagram-Stories unterstützt die Instagram-Nachrichten und so können Sie unter jeder veröffentlichten Story den Hinweis „Send Message“ setzen. Damit animieren Sie Ihre Nutzer, auf bestimmte Elemente einer Story zu reagieren, indem Sie zum Beispiel Fragen stellen. Neben der Nachrichtenfunktion gibt es noch eine weitere

Möglichkeit, Interaktionen mit Storys zu initiieren. Zwar werden die Storys bei Instagram sehr prominent in der App präsentiert, es macht aber Sinn, in den normalen Beiträgen auf Ihre jeweilige Story hinzuweisen. Am wirkungsvollsten gelingt Ihnen das, indem Sie Teile aus Ihrer Story kopieren und auf Ihrem Instagram-Profil noch einmal posten. Ihre Nutzer erhalten so schon einmal einen kleinen Einblick in die Story, werden neugierig und somit die Story aufrufen, wenn sich die Nutzer durch Ihren Post angesprochen fühlen.

Eine offizielle Statistik weist auf, wie gut ein derartiger Dialog bei den Nutzern ankommt: Auf jede fünfte Story wird bereits mit einer direkten Nachricht geantwortet. So können Sie die Beziehungen zu Ihren Nutzern auf Instagram erheblich ausbauen.

11.6: Eröffnen Sie sich neue Zielgruppen

Instagram-Stories sprechen in der Regel eine breite Zielgruppe an. Wenn Sie sich nicht allzu stark auf Ihre Kernzielgruppe konzentrieren, können Sie Ihre Instagram-Stories weiter verbreiten und die Reichweite wird wesentlich größer. Hierzu gibt es den sogenannten Explore-Tab. In den USA wird dieses Instrument täglich von mehr als 100 Millionen Nutzern angewandt. Über den Explore-Tab können Sie nochmals ganz andere Instagram-Nutzer erreichen.

Der Einstieg fällt Unternehmen mit einer Instagram-Story leichter, als auf anderen Social Medias. Sie, als Unternehmen, kennen Ihre Follower, Sie haben bereits eine gewisse Reichweite und können Ihre Storys ganz einfach als Ergänzung zu Ihrem bestehenden Instagram-Account einsetzen.

Zwölftes Kapitel: Best-Practice-Beispiele für einen Unternehmensauftritt auf Instagram

An dieser Stelle möchte ich Ihnen noch einige abschließende Tipps mit auf den Weg geben, die Ihnen helfen sollen, Instagram für Ihr Unternehmen richtig und vernünftig einzusetzen.

Die einmaligen Eigenschaften Ihrer Zielgruppe sind auch auf Instagram sehr wichtig. Eine Bank, zum Beispiel, kann nicht einfach die Inhalte einer Sportmarke kopieren und dann erwarten, dadurch mehr Beliebtheit und Ansehen zu erlangen. Sie müssen Ihre Zielgruppe genau kennen und eine Instagram-Marke aufbauen, die wirklich Ihren Interessen entspricht und die Erwartungen Ihrer Nutzer erfüllt.

Erzählen Sie eine Geschichte in Ihrer Bildunterschrift. Instagram ist ein visuelles, soziales Netzwerk. Viele Nutzer vernachlässigen die Bildunterschrift, obwohl diese extrem wichtig ist, da sie ihre persönliche Geschichte unterstreicht. Mit Bildunterschriften gehen Sie näher auf ein Bild ein, geben dem Bild mehr Inhalt und können Ihre Follower sogar zum Lachen bringen (vor allem, wenn Sie gut mit Emojis umgehen können). Eine Bildunterschrift kann ein Bild auch noch enger mit Ihrem Unternehmen verknüpfen.

Instagram eignet sich hervorragend für Wettbewerbe. Wettbewerbe fordern Nutzer auf, Ihre Fotos zu kommentieren, sie zu teilen, eine bestimmte Anzahl von Freunden zu nennen oder sogar eigene Fotos mit einem bestimmten Hashtag zu teilen. Viele Nutzer begreifen Wettbewerbe als Bonus dafür, dass Sie bestimmten Marken folgen. Machen Sie sich also keine Sorgen, Sie könnten sie belästigen. Probieren Sie es aus. Analysieren Sie die Kennzahlen und finden Sie heraus, wie Ihr Geschäft von einem Wettbewerb profitiert.

Laden Sie in Ihrem Geschäftsfeld oder Ihrer Branche beliebte Instagrammer oder Influencer zur Zusammenarbeit ein. Geben Sie dem ausgewählten Influencer einen Tag lang die Kontrolle über Ihren Geschäftsaccount, oder bitten Sie diesen, seine Meinung über Ihre Marke zu teilen. Das kann sich vielfach auszahlen, da Ihre Marke auf diese Weise bei der großen Instagram-Community der Influencer oder Instagrammer, präsent wird. Zwar verlangen viele Influencer gutes Geld für ihre Dienste, trotzdem können selbst KMUs diese Taktik nutzen, wenn sie ihr Produkt anbieten oder mit lokalen Influencern zusammenarbeiten.

Noch ist Instagram nicht für alle Marken verfügbar, die Werbeplattform wird stufenweise eingeführt. Die bisherigen Ergebnisse sind aber beeindruckend. Bei mehr als 475 internationalen Kampagnen ist die Werbewirkung von gesponserten Beiträgen auf Instagram 2,9 Mal höher, als bei einer Standard-Online-Werbung. Sobald die Instagram-Werbeplattform für alle Unternehmen freigeschaltet wird, sollten Sie Instagram in Ihrem Online-Werbe-Mix berücksichtigen.

Ein kleiner Ausblick auf die nächsten Jahre

Die Zahlen machen es deutlich: Die Trends im Internet können sehr kurzlebig sein. Deshalb empfehle ich Ihnen, sich auf mehreren Plattformen zu präsentieren. Unter Umständen kann es auch ratsam sein, auf Instagram mit Ihrem Unternehmensprofil vertreten zu sein. Insbesondere, weil ein Instagram-Auftritt bei Weitem nicht so viele Ressourcen bindet, wie in anderen im Social Medias, im Web. Die Erfolgsstory von Instagram ist aber schon längst kein Geheimnis mehr. So muss man sich nicht wundern, dass immer mehr Unternehmen in diesem Fotonetzwerk unterwegs sind. Deutsche Unternehmen und Marken haben diesen Trend noch nicht wirklich erkannt. Wenn Sie jetzt starten, können Sie vom so genannten „First-Mover-Advantage“ profitieren und werden zum Trendsetter Ihrer Branche. Mit mehr als 200 Millionen Nutzern hat Instagram eine große Reichweite, wobei davon ausgegangen werden kann, dass dieses Netzwerk zukünftig weiterhin rasant wächst. So können Sie ebenso davon ausgehen, dass sich auch Ihre Reichweite mit der Zeit vergrößern lässt.

Außerdem hat diese noch recht neue Plattform zwei weitere signifikante Vorteile gegenüber anderen Social Medias:

Einerseits wird die Hashtag-Funktion von Usern ausgiebig genutzt, das ermöglicht Ihnen, auch Nutzer anzusprechen, die Ihnen bislang noch nicht folgen. Außerdem gibt es bislang keine Möglichkeit, die Beiträge im Stream auszublenden. Wer Ihrem Unternehmen also folgt, sieht mit sehr hoher Wahrscheinlichkeit auch Ihre Bilder. Das alles erhalten Sie kostenfrei.

Außerdem benötigen Sie für Ihre Bilder keinen professionellen Fotografen. Authentische Fotos sind auf Instagram wesentlich beliebter als Profifotos. Eine weitere Kosteneinsparung, die Sie nicht unterschätzen sollten.

Auch im Bereich der Auffindbarkeit spielt Instagram in der Königsklasse mit. Sie können Ihre Inhalte nicht nur mit Hashtag im Netzwerk verbreiten, sondern diese sind auch bei einer Google-Bildersuche direkt auffindbar. Das heißt, dass zum bloßen Betrachten der Bilder, ein potenzieller Kunde noch nicht einmal selbst über einen Instagram-Account verfügen muss.

Und zu guter Letzt können Sie Inhalte, die Sie auf Instagram veröffentlicht haben, kinderleicht auf anderen Plattformen teilen.

Ihnen stehen also vielzählige Möglichkeiten offen, Instagram in Ihrem Unternehmenskontext einzusetzen. Visuelle Kommunikation ist wie dafür geschaffen, Ihr Unternehmen oder Ihre Produkte lebhaft darzustellen. Dabei sollten Sie Instagram nicht zu offensichtlich für Werbezwecke einsetzen. Bieten Sie Ihren Nutzern Einblicke, die sie woanders nicht zu sehen bekommen. So schaffen Sie einen Mehrwert, den User gerne auch mit Interaktion belohnen.

Grenzen werden Ihnen hierbei nicht gesetzt. Zeigen Sie Ihre Mitarbeiter, Ihren Alltag, posten Sie Fotos von Veranstaltungen, Ausflügen, natürlich auch von Ihren Produkten und so weiter und so weiter. Um wirklich authentisch zu wirken, können Sie in Ihren Inhalten Ihre Mitarbeiter, Besucher oder Kunden markieren und sich mit ihnen vernetzen. Je charmanter Sie bei Instagram vorgehen, desto sympathischer wirkt Ihr Profil. Das ist äußerst wichtig! Gestellte, biedere und geplante Aufnahmen finden die Nutzer überall und sind schnell davon gelangweilt. Instagram setzt auf Kreativität.

Auch Führungskräfte, die in Ihrem Namen Posts veröffentlichen, geben Ihrem Unternehmen ein Gesicht. Vor allem, wenn Fotos direkt vom Ort des Geschehens veröffentlicht werden, wie zum Beispiel kurz vor einem Meeting. Der Vorteil, den diese Fotos beweisen, ist, dass tatsächlich Ihre Mitarbeiter selbst diesen Account mit Inhalt füllen. Die meisten Nutzer kommunizieren am liebsten lieber mit realen Personen und nicht mit gesichtslosen Marken oder Avatars.

Mit Instagram können Sie erfolgreiche Kampagnen starten. Sehr oft werden zum Beispiel Fotowettbewerbe auf Instagram veranstaltet. Aber auch andere Kampagnen sind denkbar. Eine bekannte deutsche Automarke hat zum Beispiel für ihre Nutzer die Möglichkeit eröffnet, ihr neues Auto auf Instagram zu konfigurieren.

Die populäre Foto-App Instagram wird ihren Weg gehen, und zwar gemeinsam mit Facebook. Gehen Sie diesen Weg mit, Sie haben nichts zu verlieren.

Man kann alle Bilder der Nutzer, egal, ob Marke oder Einzelperson, auf einen Blick sehen, und ist nicht mehr auf Drittanbieter angewiesen. Bei öffentlich zugänglichen Seiten hat allerdings Facebook im Design der Timeline / Chronik, Pate gestanden.

Ohne ein Hellseher zu sein, kann man durchaus schon jetzt absehen, dass sich Instagram unter den anderen Foto-Webseiten durchsetzen wird. Sie können also ruhig etwas Zeit investieren. Der Weg, den

Instagram beschreitet, wird ein Langer und Erfolgreicher sein.

Schon jetzt sind die Wachstumszahlen bei den aktiven Nutzern und bei den registrierten Nutzern beachtlich. Instagram liegt damit voll im Trend und das schon seit längerer Zeit.

Spätestens ab jetzt schlägt die Stunde der Marken und Unternehmen. Ich wage dies zu behaupten, weil die neuen Profile nicht mehr von gewohnten Einzelpersonen stammen, sondern bei Instagram etwas Neues, etwas Innovatives erscheint.

Als mobiler Nutzer benötige ich für eine Webansicht bei Instagram kein Album und keine Bilderchronik mehr.

Trotzdem gibt es noch jede Menge Menschen, die Instagram nicht nutzen und diese wollen erobert werden. Die individuelle Foto-Community öffnet sich folgerichtig gerade genau dafür und für die „Nicht-Instagrammer“. Andere Plattformen werden sich da etwas einfallen lassen müssen, um am Markt der Social Medias nicht völlig unterzugehen.

Ein bekannter Sportartikelhersteller zeigt zum Beispiel auf seiner Instagram-Seite nicht nur seine Produkte, sondern alles, was mit Sport zu tun hat: Sportler als Testimonials, Lifestyleprodukte sowie natürlich auch die Sportprodukte. Das schafft jede Menge Emotionen.

Unternehmen erkennen mittlerweile nach und nach, dass Instagram bei ihren Zielgruppen äußerst beliebt ist, da in erster Linie der Moment, der Stil, das Kurzfristige oder einfach nur die Schönheit des Augenblicks in den Mittelpunkt gerückt wird, fantasievoll arrangiert, mit Motiven und Filtern. Hier ist die Individualität beheimatet, während man auf anderen Plattformen reinen Mainstream findet.

Den Marken ist es recht, dass sich Instagram für neue Nutzer öffnet. Der bislang beschrittene Weg kommt sowohl dem Netzwerk als auch den Unternehmen zugute.

Die Möglichkeiten für Marken und Unternehmen, auf Instagram umfangreicher und erfolgreicher zu kommunizieren, als auf jeder anderen Plattform, werden mit Sicherheit von Instagram noch erweitert.

Ein letztes Wort

Ein Bild sagt mehr als tausend Worte. Und genau das ist die Stärke von Instagram. Fotos und Videos wirken auf die Rezipienten authentischer, greifbarer und können wesentlich besser Emotionen transportieren, als es das geschriebene Wort kann. Sehen Sie Instagram als Chance, Ihr Unternehmen und Ihre Mitarbeiter von einer anderen Seite zu zeigen. Denn je nach Zielgruppe und Branche kann ein Auftritt auf Instagram Ihre Social-Media-Architektur sinnvoll ergänzen.

Instagram wächst und wächst und gewinnt immer mehr an Bedeutung. Trotzdem scheuen sich noch viele Unternehmen, auf dem Foto- & Video-Sharing-Dienst, vertreten zu sein. Warum Sie auf lange Sicht Instagram nicht ignorieren sollten und welche Vorteile ein Auftritt für Ihr Unternehmen haben kann, habe ich Ihnen hoffentlich in diesem Buch verständlich erklärt.

Als Facebook im Jahre 2012 Instagram für eine Milliarde Dollar übernahm, spotteten nicht gerade wenige Onliner und „Experten" über den stolzen Preis dieses Geschäftes. Die Häme kam jedoch etwas zu früh und Facebook, allen voran Marc Zuckerberg, hat allen Kritikern zum Trotz mit der Übernahme von Instagram das richtige Gespür gezeigt, was sich anhand der stetig steigenden Nutzerzahlen der letzten Jahre problemlos nachweisen lässt.

Instagram hat mittlerweile weltweit mehr als 200 Millionen Nutzer, wovon in etwa 3 Millionen aus Deutschland kommen – mit steigender Tendenz. 150 Millionen Nutzer sind mindestens einmal im Monat und 76 Millionen tatsächlich täglich aktiv. Bislang wurden an die 16 Milliarden Fotos und Videos hochgeladen. Pro Tag kommen geschätzt 55 Millionen hinzu.

Instagram ist ein rasant wachsendes Social Network und vor allem die jungen Internetnutzer, zwischen 16 und 24 Jahren, haben diesen Fotodienst schon längst für sich entdeckt. Eine unabhängige Studie in den USA hat nachgewiesen, dass insbesondere Teenager auf Instagram immer mehr aktiv werden, wogegen sie kaum noch Interesse an Twitter, Google+ und sogar auch an Facebook verlieren.

Werden Sie mit Ihrer Marke oder Ihrem Unternehmen zum Trendsetter und starten Sie durch: auf Instagram.

24624881R00036

Printed in Poland
by Amazon Fulfillment
Poland Sp. z o.o., Wrocław